AF666455

PIANO DREAMS Vol.1 & 2

CHRISTOPH PAGEL

NOTENBAND 1

Christoph Pagel
H.-v.-Fallersleben-Platz 3
D-10713 Berlin, Germany
Telefon: +49 177 7113456
E-Mail: info@christo-p.com
Infos: www.christo-p.com

Inhaltlich Verantwortlicher gemäß § 55 Abs. 2 RStV:
Christoph Pagel

Fotos & Layout: Anne Missal

Herstellung und Verlag: Books on Demand GmbH,
Norderstedt
ISBN 978-3-8391-8753-1

Kopieren:
Diese Noten wurden mit großer Sorgfalt erstellt, es steckt sehr viel Arbeitszeit dahinter. Bitte unterstützen Sie diese Arbeit und meine Musik, indem Sie die Noten nur für Ihren eigenen Bedarf kopieren und Kopien nicht weitergeben. Der Verkaufspreis wurde sehr günstig gehalten, damit sich diese Noten wirklich jeder Musikfreund leisten kann.

Copy:
Please respect the work of the composer and don't copy the sheet music in this book. The selling price is kept as low as possible to enable everyone to buy the Original.

Aufbau:
Die Reihenfolge der Stücke ist einerseits nach klanglichen Gesichtspunkten, teils aber auch nach Schwierigkeit aufgebaut. Tanz der Nachtfalter, Herbstwind und Goldenes Morgenlicht z.B. sind auch für begabte Anfänger spielbar, die letzten drei Stücke im Buch wohl nur für Fortgeschrittene.

Unter dem jeweiligen Titel finden Sie in den Noten stets den Namen der CD, auf der dieser Titel erstmals veröffentlicht wurde.

Structure:
The pieces are put into order by sound aspects, but also by difficulty. Tanz der Nachtfalter, Herbstwind and Goldenes Morgenlicht for example are quite easy to play even for talented beginners, whereas the last three pieces in this book are suitable for the advanced piano player.

Below the title of each song you find the name of the album, where the song was published for the first time.

Inhaltsverzeichnis / *Contents*

Mit der Veröffentlichung dieses Notenbandes geht ein Traum in Erfüllung. Seit über 20 Jahren komponiere ich Musik, und einige meiner Stücke wurden in Noten gefasst und von anderen Musikern oder auch von einzelnen Schülern gespielt. Das vorliegende Notenwerk zu meiner CD-Reihe Piano Dreams bringt nun endlich die Möglichkeit, Menschen in aller Welt aktiv an meinen Piano-Träumen teilhaben zu lassen.

Ich danke vor allem Anne für ihre geduldige Hilfe bei der Erstellung der Druckvorlage, aber auch meinen Eltern und anderen Förderern und Fans meiner Musik, die mir die Inspiration und Kraft zur Umsetzung dieses großen Projekts gegeben haben.

Publishing this sheet music compendium is the fulfillment of a great dream of mine. For more than 20 years I have given sheets to other musicians and students to play my music. This book of songs and pieces from my Piano Dreams-CDs gives the possibility of sharing my favorite (piano) dreams with people around the world in a very active way for the first time.

I want to especially thank Anne for her patient help with the print preparations, but also my parents and other promoters and fans of my music, who gave me the inspiration and strength to bring this grand project into existence.

Frischer Morgen

Piano Dreams Vol.1*

Christoph Pagel // Jan. 2008

*die Fassung dieser CD wird erst auf der vierten Seite zitiert

Ped. * Ped. * Ped. * Ped. *
Ped. * Ped. * Ped. * Ped. * Ped. *
Ped. * Ped. * Ped. *Ped. *
=95
rit.
mf
simile
rit.
Ped. * Ped. *
a tempo
rit.
a tempo

allarg.
a tempo
f
mf
allarg.
pp

=80
mf
rit.
a tempo
rit.
a tempo
rit.
a tempo
allarg.
a tempo
rit.
mp
allarg.
p
Ped.

Sternenhimmel

Piano Dreams Live 15.11.2008

Christoph Pagel // Aug. 2008

Anmerkung: Zugunsten der Übersicht wurden an vielen Stellen Pausenzeichen statt Haltebögen verwendet.

Tanz der Nachtfalter

Piano Dreams Live 19.11.2009

Christoph Pagel // April 2009
Nach einer Idee von Pawel Cofta

36
3
42
3
49
3
3
mp
56
3
63
f

Herbstwind

Piano Dreams Live 19.11.2009

Christoph Pagel // Okt. 2009

f
p
mf
rit.

LICHTUNG NACH DEM REGEN

Piano Dreams Vol.1

Christoph Pagel // Juli 2007

18
21
24
28
31
rit.
pp
con moto
f

35
Ped.
38
simile
41
44
47
mp

51
54
58
61
rit.
64
allarg.

Amelie

Piano Dreams Live 15.11.2008

Christoph Pagel // Okt. 2008

mp

Der Song heißt Amelie, obwohl unser Kind ein Junge wurde. Dies war ein guter Grund für die Komposition Cosmo Ludovico im Jahr 2010.

Since our child turned out to be a boy, we didn't use the name Amelie... A good reason to write the piece Cosmo Ludovico for him in 2010.

Cosmo ludovico

Piano Dreams Vol.2

Christoph Pagel // Febr. 2010

16
19
=120
mp
Fine
23
mf
26
Ped. * Ped. *
29
=130
rit.
f
Ped. * Ped. * Ped. * Ped. *

33
36
Ped.
40
43
46
Ped.
D.S. al fine

AN ISLAND WITH YOU

Piano Dreams Live 19.11.2009

Christoph Pagel // Sept. 2009

Goldenes Morgenlicht

Piano Dreams Vol.1

Christoph Pagel // Febr. 2008
notiert von Rebecca Grießler

L.H

Dieses Stück ist das Einzige in diesem Band, bei dem ich Wert darauf legte, mit den Noten möglichst genau die Version auf der Studio-CD Piano Dreams Vol.1 wiederzugeben. Die für mich eher mühevolle Transkription der Noten übernahm freundlicherweise meine gut ausgebildete Schülerin Rebecca Grießler.

This piece was the only one that I wanted to be written closely according to the studio-version of the CD Piano Dreams Vol.1 in this book. My excellent student Rebecca Grießler was so kind to transcribe the notes by ear.

MITTERNACHT

Piano Dreams Vol.1

Christoph Pagel // Jan. 2008

Anmerkung: Zugunsten der Übersicht wurden an vielen Stellen Pausenzeichen statt Haltebögen verwendet.

3
Ped.
Ped.
Ped.
Ped.
Ped.
Ped.
a tempo
mp
Ped.
Ped.
Ped.
p
mp
Ped.
Ped.
Ped.
simile

mp
Ped.
*

Die folgende Partitur des Stückes FAHRT AUF DEM LANGEN FLUSS kann gegen Übersendung des Kaufnachweises für diesen Notenband an meine E-Mailadresse info@christo-p.com auch durch den auf fünf Seiten gerafften Klaviersatz und/ oder die Einzelnoten für Cello (1 Seite) kostenfrei als pdf-Dokument zum Ausdrucken ergänzt werden.

The following score of FAHRT AUF DEM LANGEN FLUSS can be completed for the practical use with the Piano sheet (5 pages) and the Cello sheet music (1 page) as a pdf-Document by sending the purchase proof of this book to my mailadress info@christo-p.com - I will send it free of charge.

Fahrt auf dem langen Fluss

Piano Dreams Vol.2

Christoph Pagel // Mai 2010

13
16
19
mf
mf
22

25
28
31
34

37
40
43
46

49
52
Piano solo
55
58
61

64
Cello
70
73

76
79
82
Piano solo
85
mp

88
91
94
97
100
103
p
106

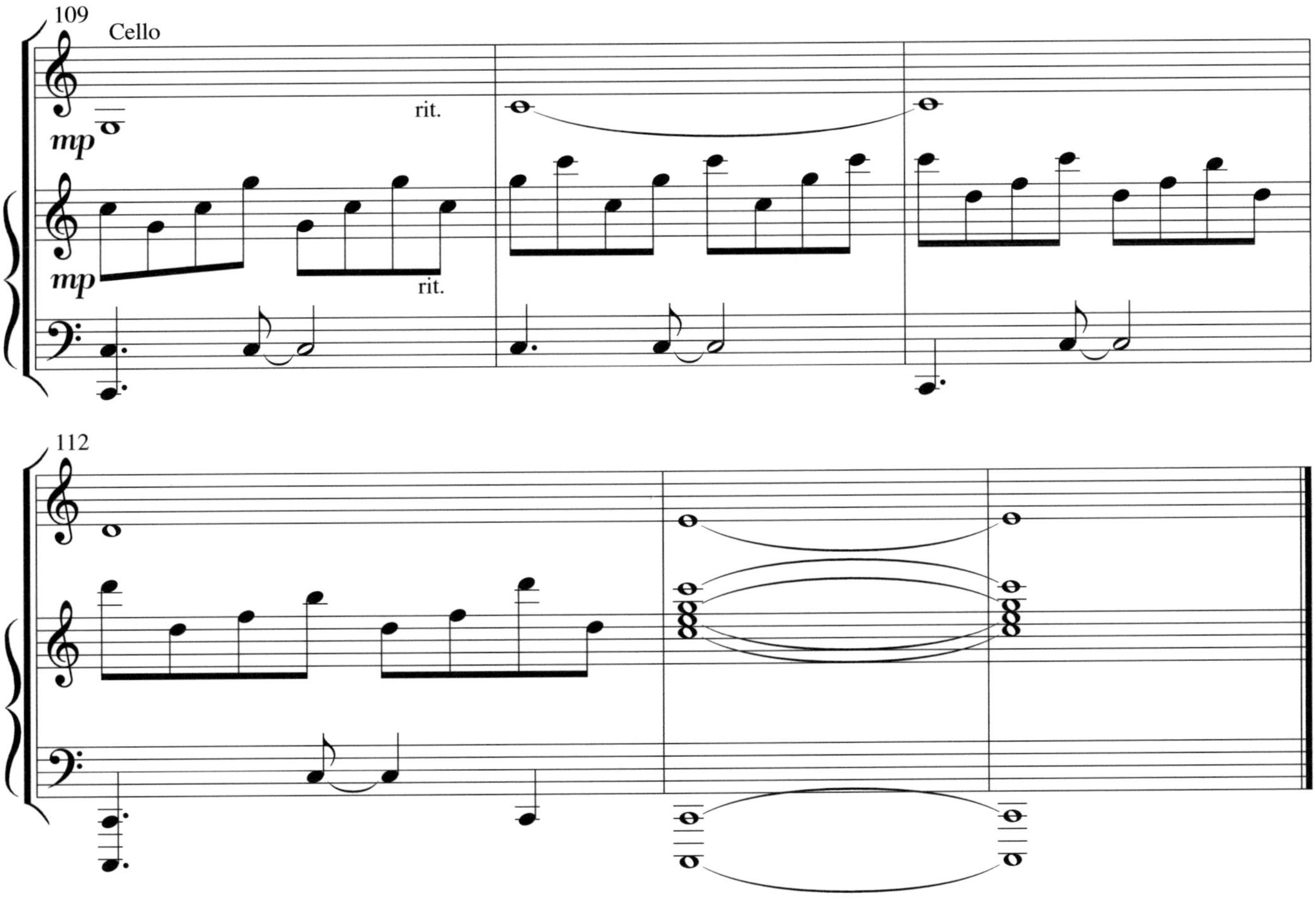

NACHT IM SCHLOSS

Piano Dreams Vol.1

Christoph Pagel // Ostern 2007

7
10
13
16
19
23

26
29
32
35
39
p
senza sordino
43
rit.
mf
Ped.
* Ped.
*

Nacht im Schloß entstand an Ostern 2007 auf Schloß Kaltenhausen an einem Bechstein-Flügel. Die Inspiration des Augenblicks führte auch zu der auf der CD PIANO DREAMS Vol.1 enthaltenen Aufnahme, an die sich die vorliegende Notenfassung anlehnt.